oma Mochi

御守りもっちー

望月彩楓　文／画

omaMochi

御守りもっちー

望月彩楓　文/画

ここからはじまる絵の世界
感じるままに受け取ろう
そこには
正解も不正解も
善悪すらもいらないよ

INTRODUCTION

この絵本を手に取ってくれたあなたへ

大人って、何か起きたり誰かに出会ったり
そんなことがあるとすぐ、そこに意味を持たせようとしがち
正しい解釈を気にしてしまう

この本を手に取ってくれたあなたも、そんなふうに思った？
だとしたら、それを一度手放して
「意味」とか「正解」とか、
そういうのとりあえず脇に置いてみて

子どもの頃って
目に見えたままを受け取っていたよね
目に見えないものまで受け取っていたよね
「なにこれ、ダサーい！」「やばい！ ちょーおもしろいー！」
それでいいんだよ

今泣いても、すぐ笑う小さな子どもみたいに
素直な感性で本に触れてみて
あなたの心が感じるまま読み進めたら
ページをめくるごとに、生まれ変わるみたいな
そんな奇跡が、起きるかもしれないよ

この本と出会えた奇跡がはじまりの合図！
さあ、解き放とう！　本当の自分自神を

肉眼では見えなくても

わたしたちを支えてくれる

エネルギーの流れ

地下も地も天もすべてが

繋がり合い
響き合っているんだ

あなたは大いなる護りに身を委ね

自信を持って

あなたを生きて良いんだよ

宇宙のどこかには
太古の昔からずっと変わらない
地球とそっくりな
楽園の無人星があるかもね

自然と動物たちの
陽気な音がこだまして
不思議な神鳥や
神々しい蝶が羽ばたき
ずっとずっと続く楽園

ああ、どんな世界なんだろうね

ちょっと不思議で
ちょっと怖い

あなたの個性は

あなただけの形だもの

人と違っていて
当たり前だよ

誰一人として同じ形はないけれど

一見、ばらばらに散らばる個性たちも

おおきなひとつの絵になるよう

パズルのように完璧に組み合うように

できているんじゃないかな

アートを観て3回唱える〈おまじないの言霊〉

わたしはわたしだから、
素晴らしい！

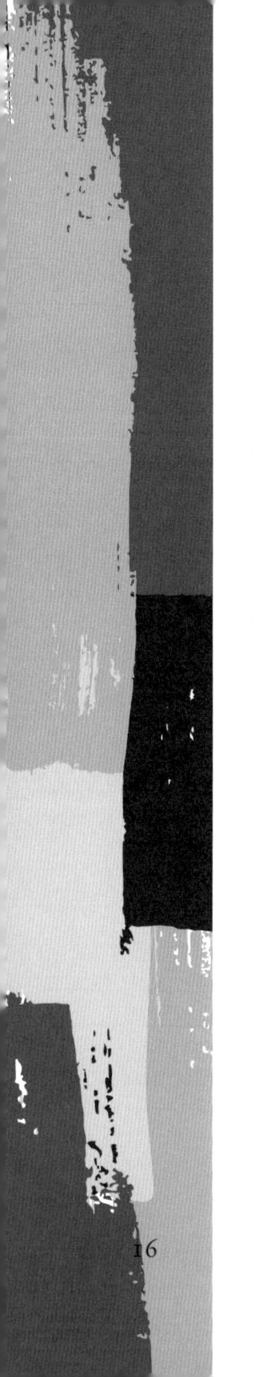

こどものころ夜空を見上げると
なんだかとっても不思議な気持ちに
なったこと、あるんじゃないかな

こんなに大きな宇宙が広がっている
こんなに不思議なことだらけ
なんだか怖い気持ちと
なんだかワクワクする気持ちが
夜眠れなくさせたりしてさ

自分のちからの小ささとともに
理由もわからず存在できている

自分のすごさにも
気づいたりして

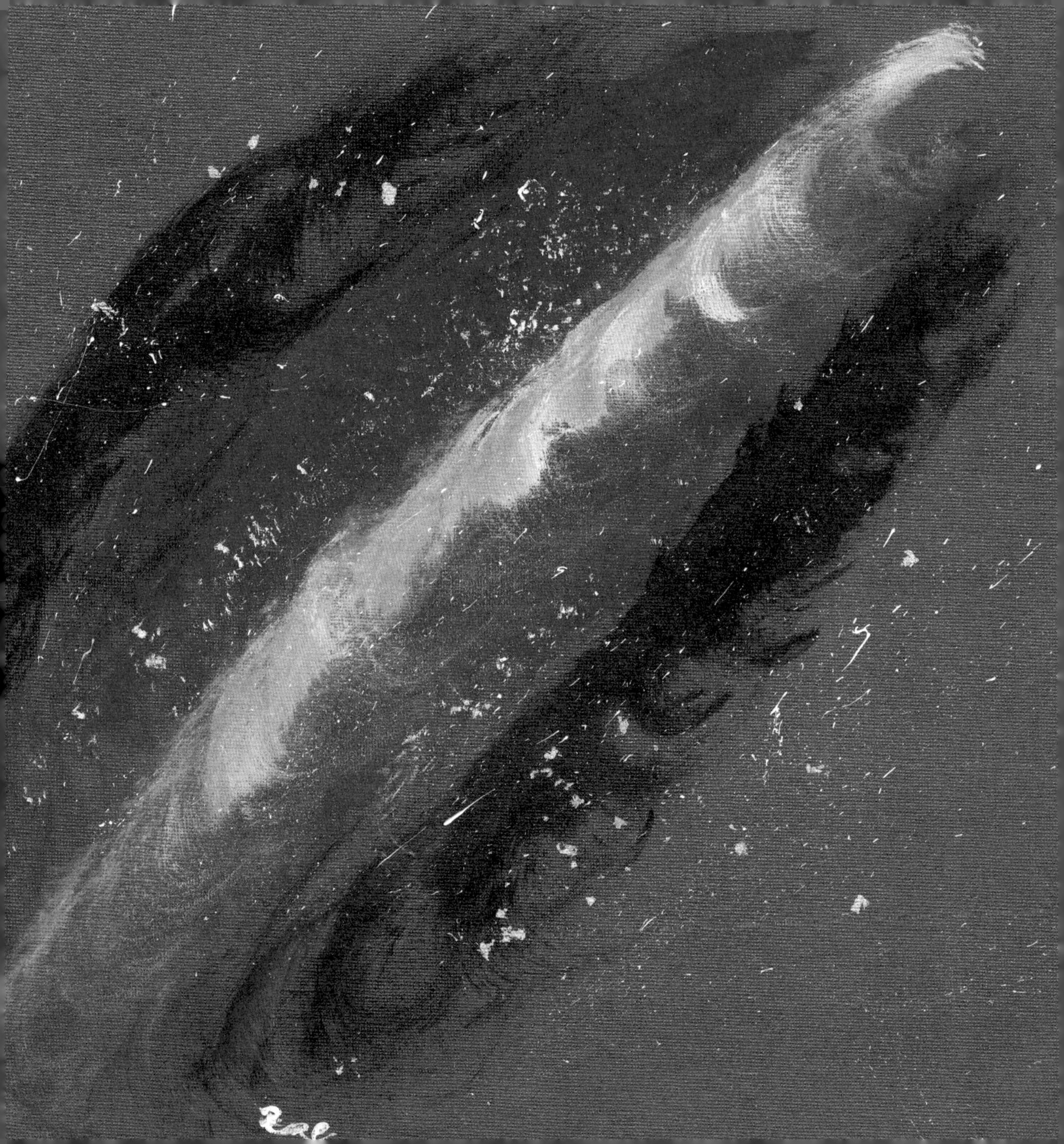

稲妻にうたれたような
驚きの出来事を
人生で何度かは体験する

この宇宙には大いなるちからがあって
あなたに電撃ショックを与えるような
お導きが降り注ぐことがある
あなたを覚醒(めざ)めさせようとしている

大いなる存在があるということだ

そしてそれは **自分自神**
なのかもしれないね

アートを観て3回唱える
〈おまじないの言霊〉
自分自神を信じています！

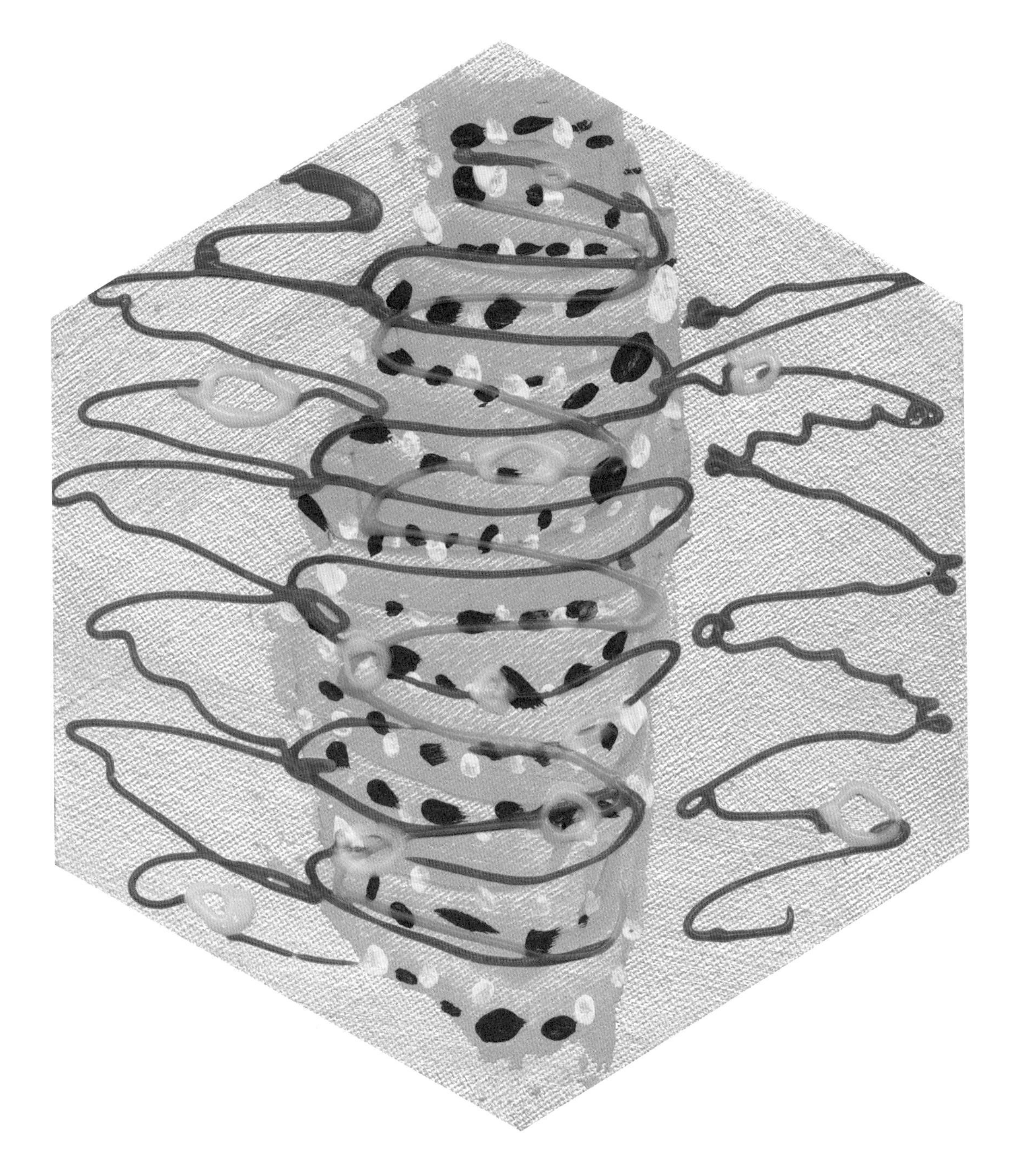

支え合って

ときには傷つけ合って

それでもやっぱり

自分の形で生きようと

もがいて試行錯誤する

厳しいことも

難しいこともたくさん

それでもやっぱり

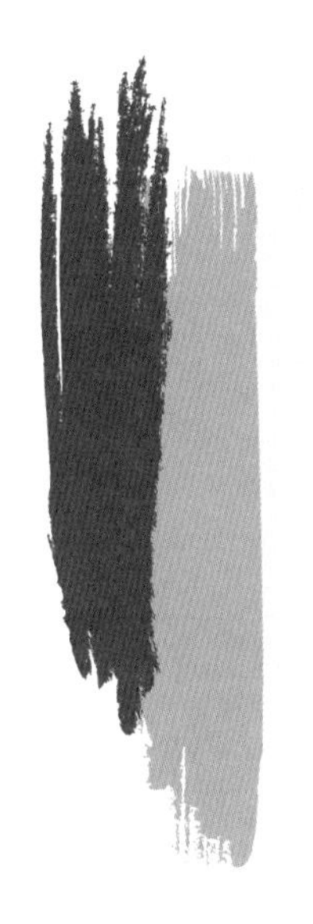

折り合いをつけて
生きていく

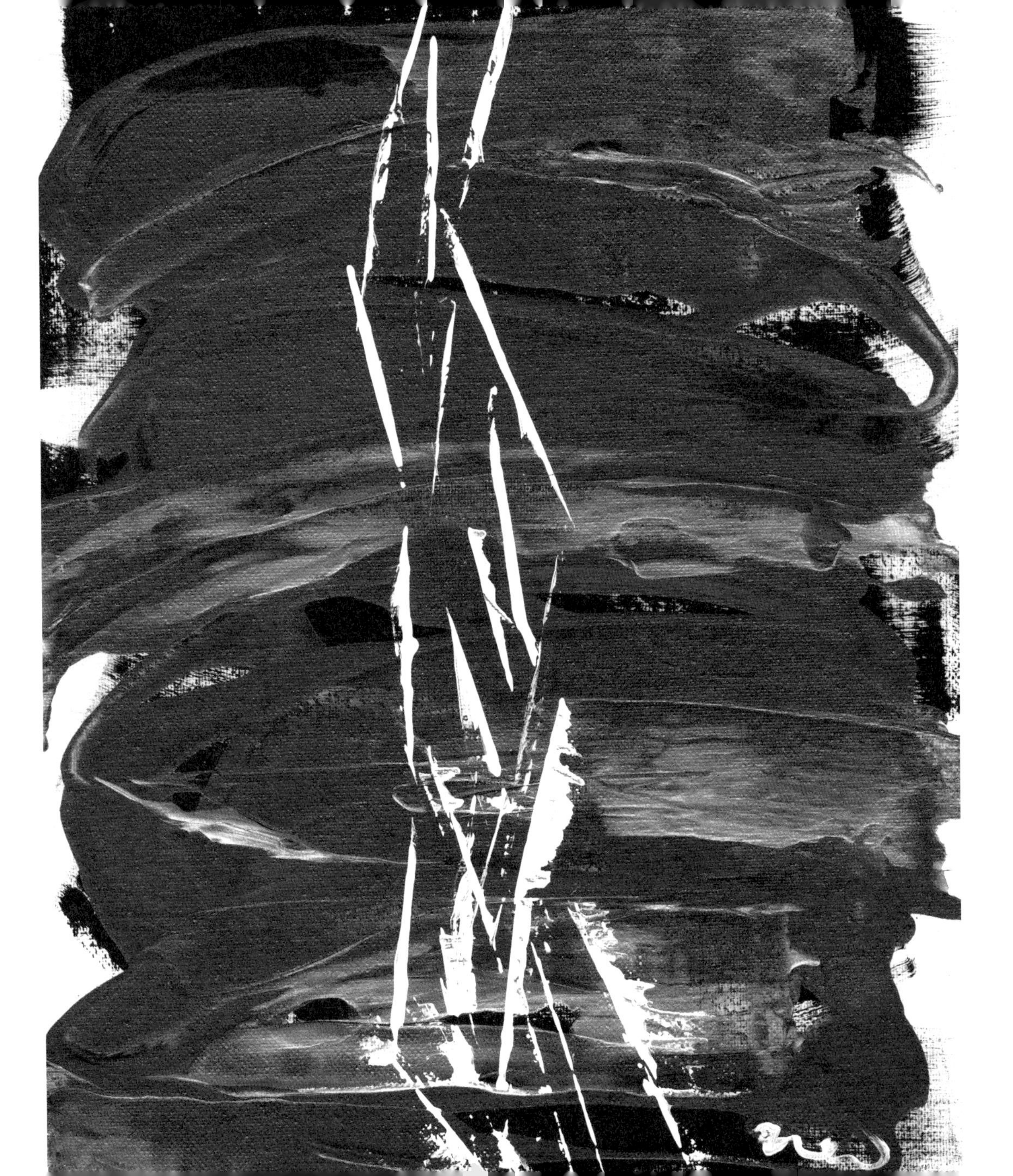

みんなきっと、

孤独を抱えてるんだ

みんなきっと、

完全には理解(わか)り合えない

けれども、繋がっているんだ

一部でも、どこかで繋がっている

長い長い歴史の中で

みんなきっと、

縁があって ここにいる

だから大丈夫なんだよ

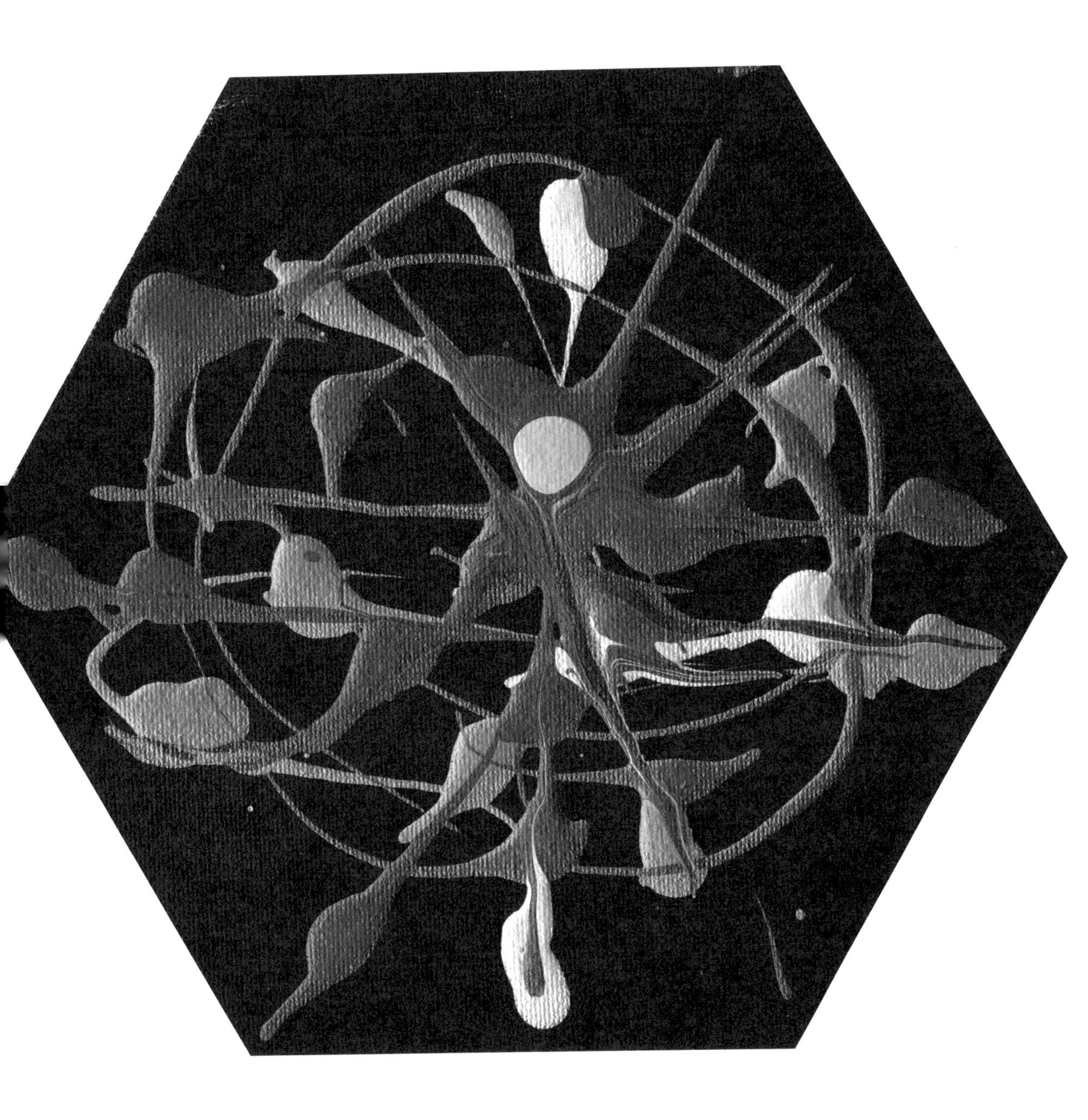

空から誰か助けに来てくれないかな
このつらい状況から
この大変な課題から
救いの手を差し伸べてくれないかな

そう思ってもいいんだよ

そして既にそう思った瞬間から
目に見えない大いなる存在たちが
あなたへ光の道筋を示しに来るの

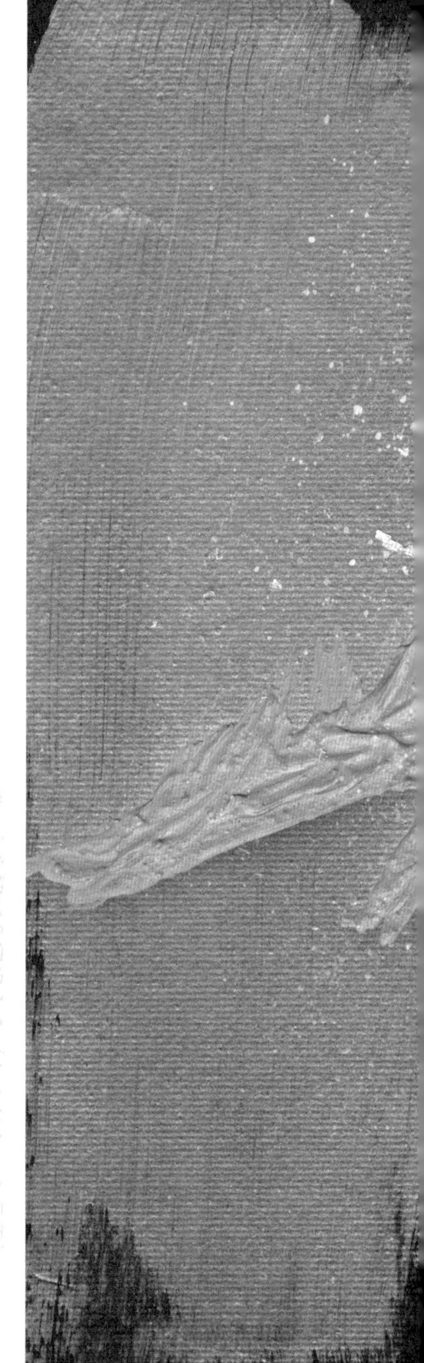

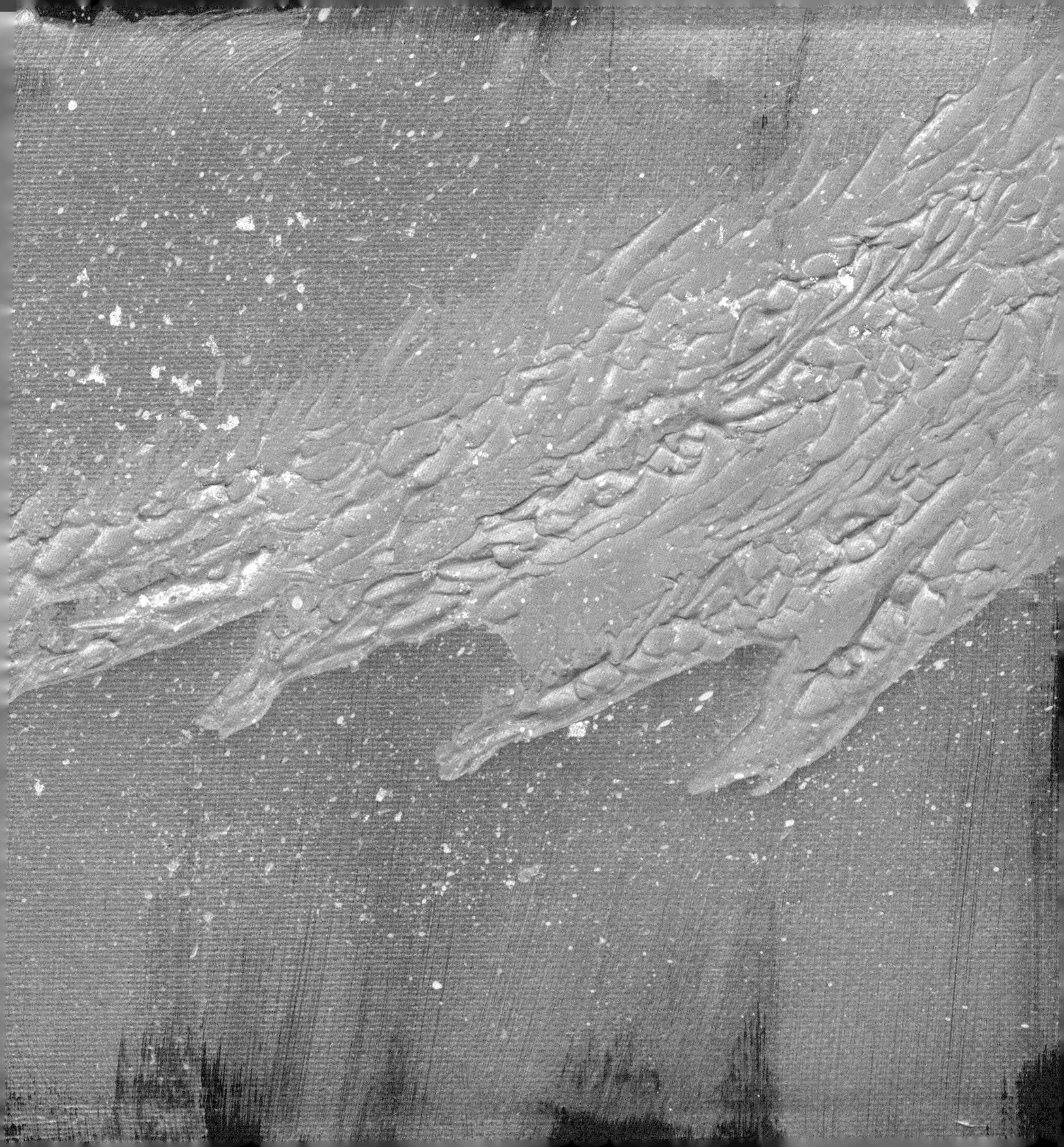

森の木陰や

海の岩陰から

ふと、なにかが見ている

そんな気がしたら

きっとそれは

個性豊かな精霊たちだ

あなたは

繋がれる純粋さをもっている

だから気づけたんだろうね

あなたは動植物から愛され

導かれてきたんだろう

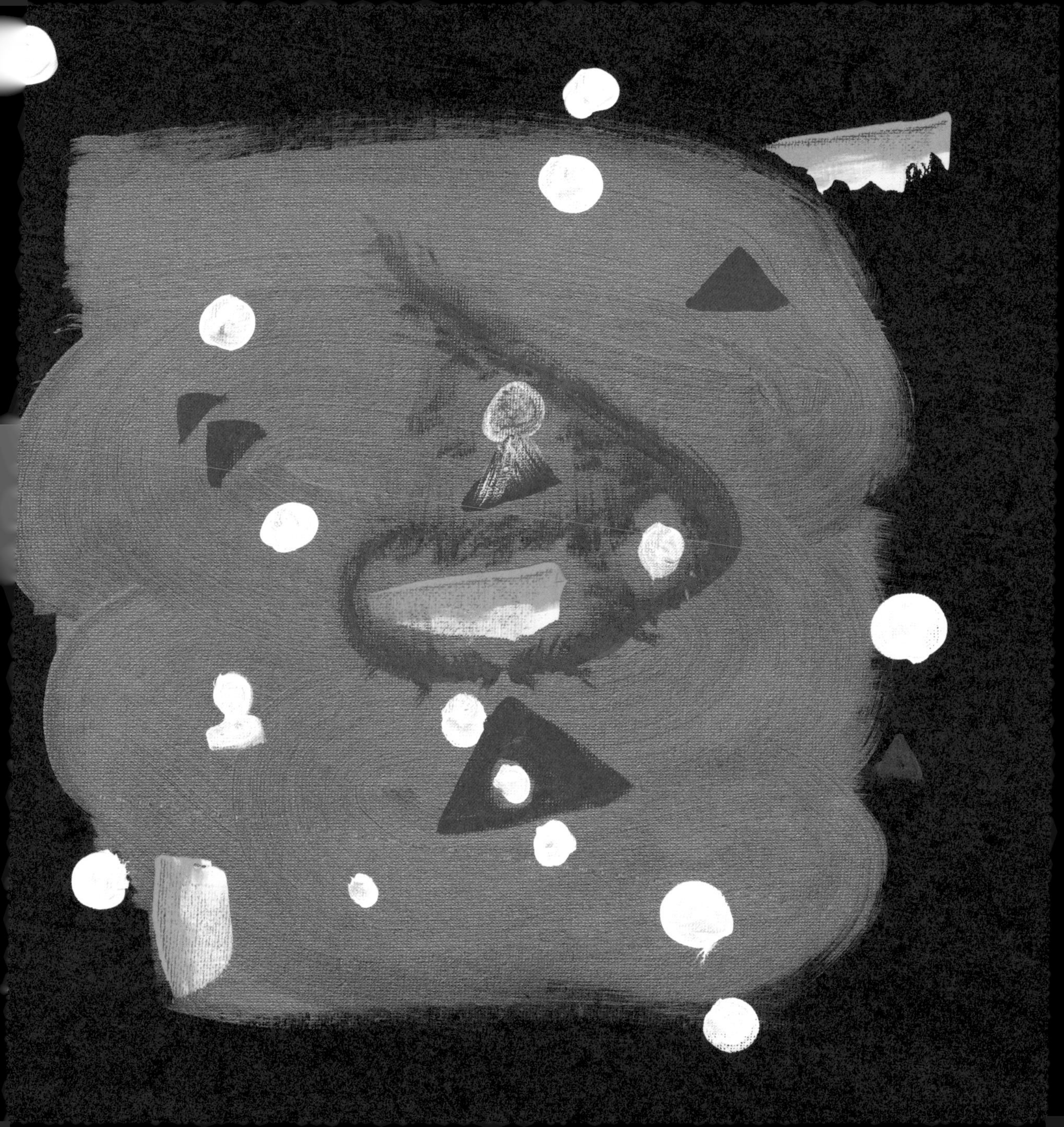

あれこれうまくやろうとしても
かっこつけようとしても
なんだかけっきょくうまくいかない

そうだ、素直であろう
もう、そのままのほうが
すがすがしい

もう、わたしで生きるほうが
いさぎよい

そしたらなぜか、
うまくいく

手探りでしか生きられない

不器用な自分だけれど

それでもなぜか憎めない

どこか頑固なのは親譲り

でも、そんな自分だから

わたしはわたしが
好きなんだろう

いつもまっすぐ

歩み続けていよう

いつか硬すぎる岩も

自然の流れに削られて

丸くなる日が来るんだろうか

旅に出よう

新しい世界へ

いままでいたところも

それは素晴らしいけれど

旅に出よう

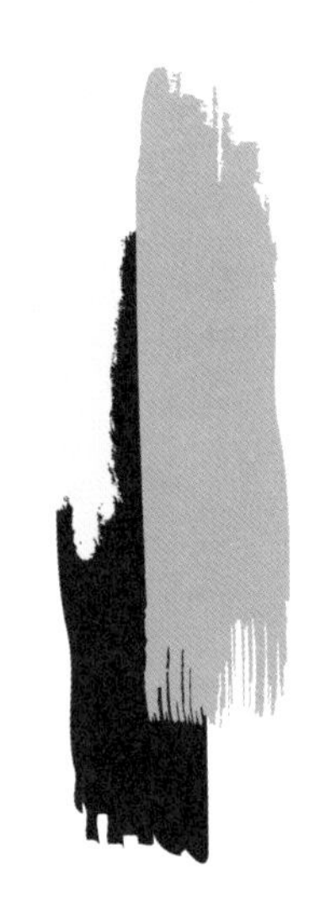

真っ白なワクワクする

まだ見ぬ、あしたへと

あ、わたし宇宙人かもな

地球に慣れていないんだろうな

そう思うと
「なら頑張ってる方かもな」
と妙に納得できたりして

この地球に生まれてくるときに
一体どんなことを願ったのかな

あなたが選んだ旅先は、地球

よっぽど体験したいことが
あったんだね

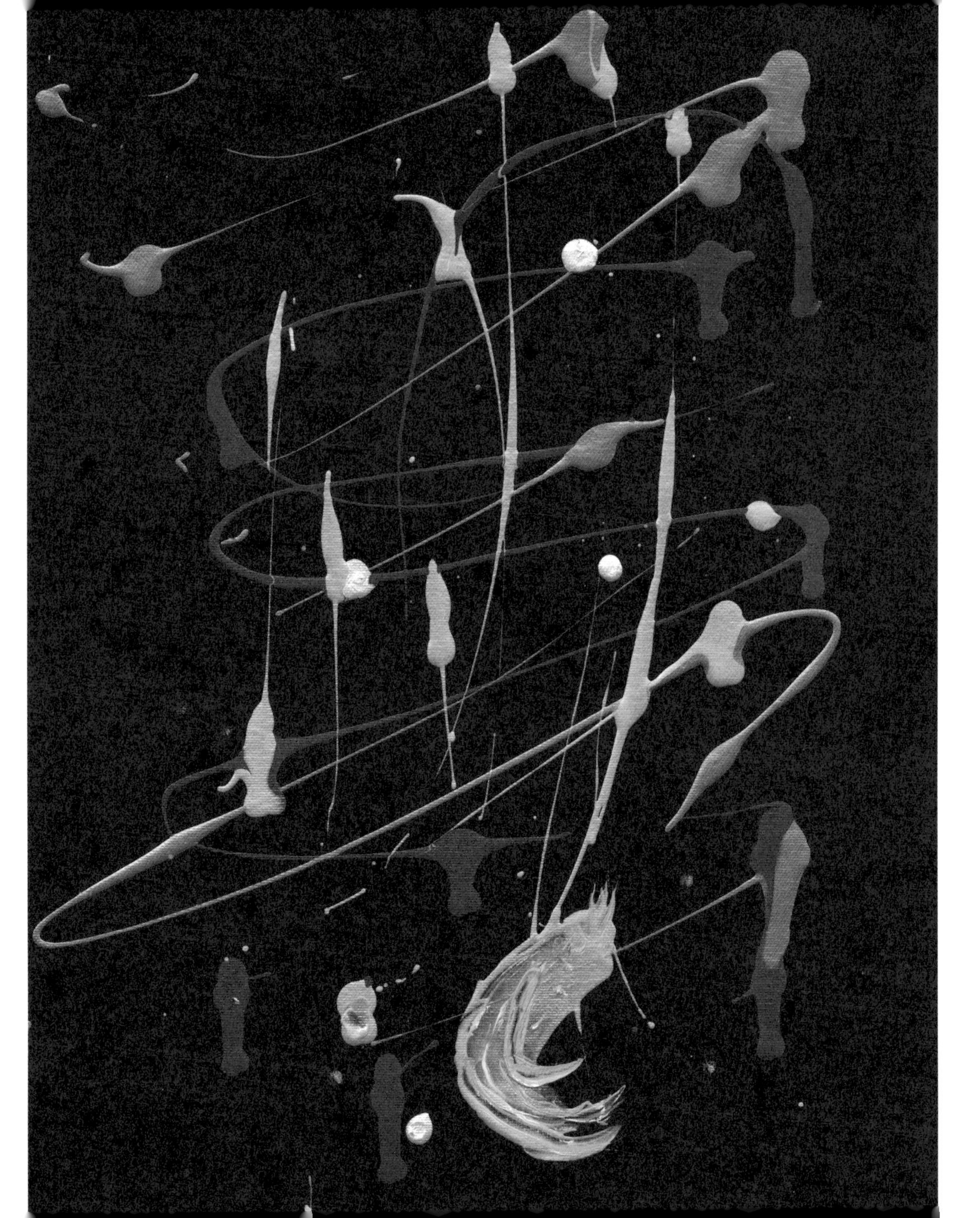

もうだめだ

もう無理だ

そう諦めかけたとき

霧の中から光が現れる

そうか、

わたしは導かれている

そうだった、

わたしは愛されている

そうでしかない。大丈夫だよ。

自分の可能性は

本人が一番知らないものだ

周りの人たちからは

やったらいいのに

うまくいくよ

そう言われても

「ほかにもっとできる人いるし」

と思うことって

実は

あなたじゃなきゃ
できないこと なの

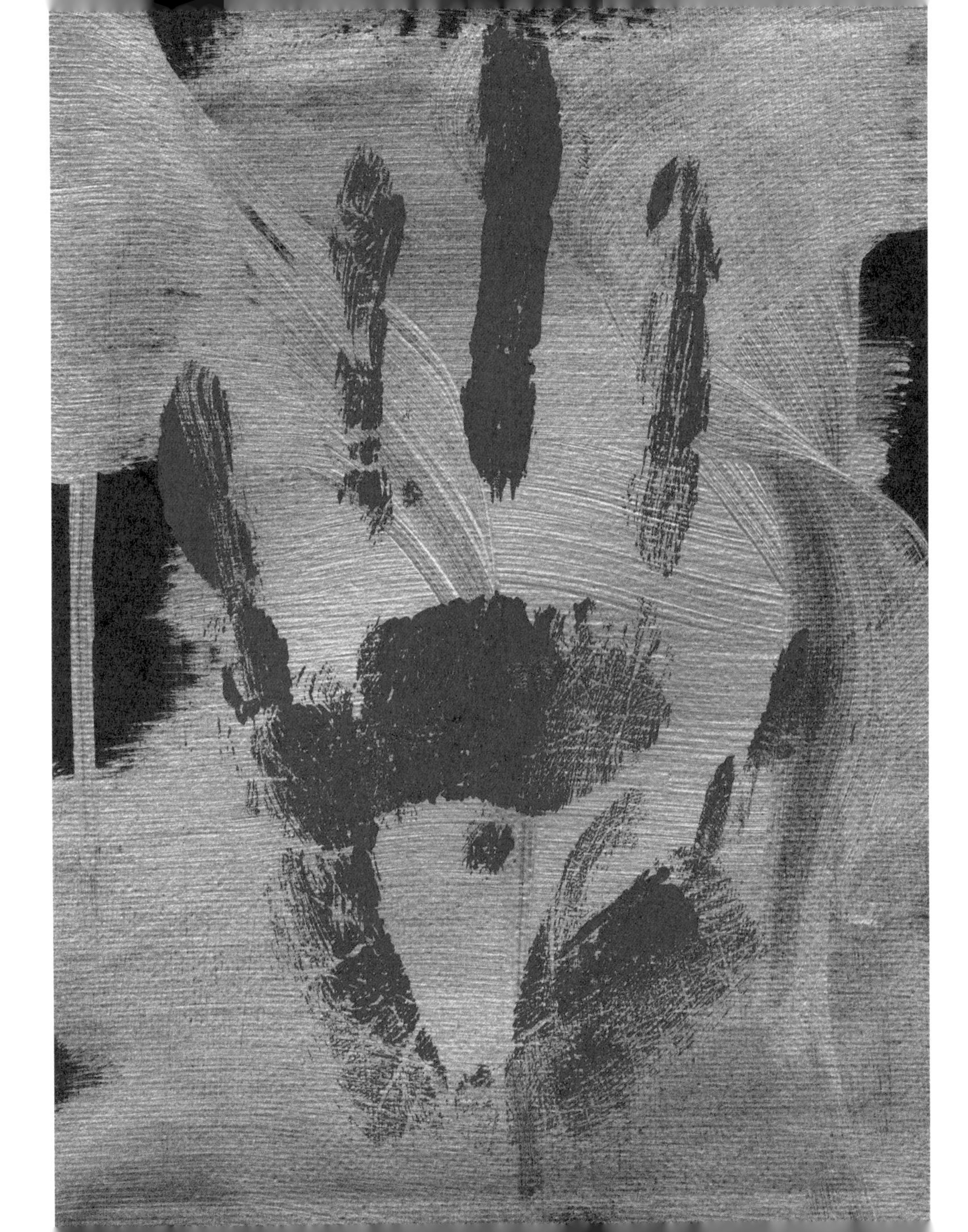

バーンとはじけて

ドーンと飛び出し

ジャーンと生まれた

自分自神！！！

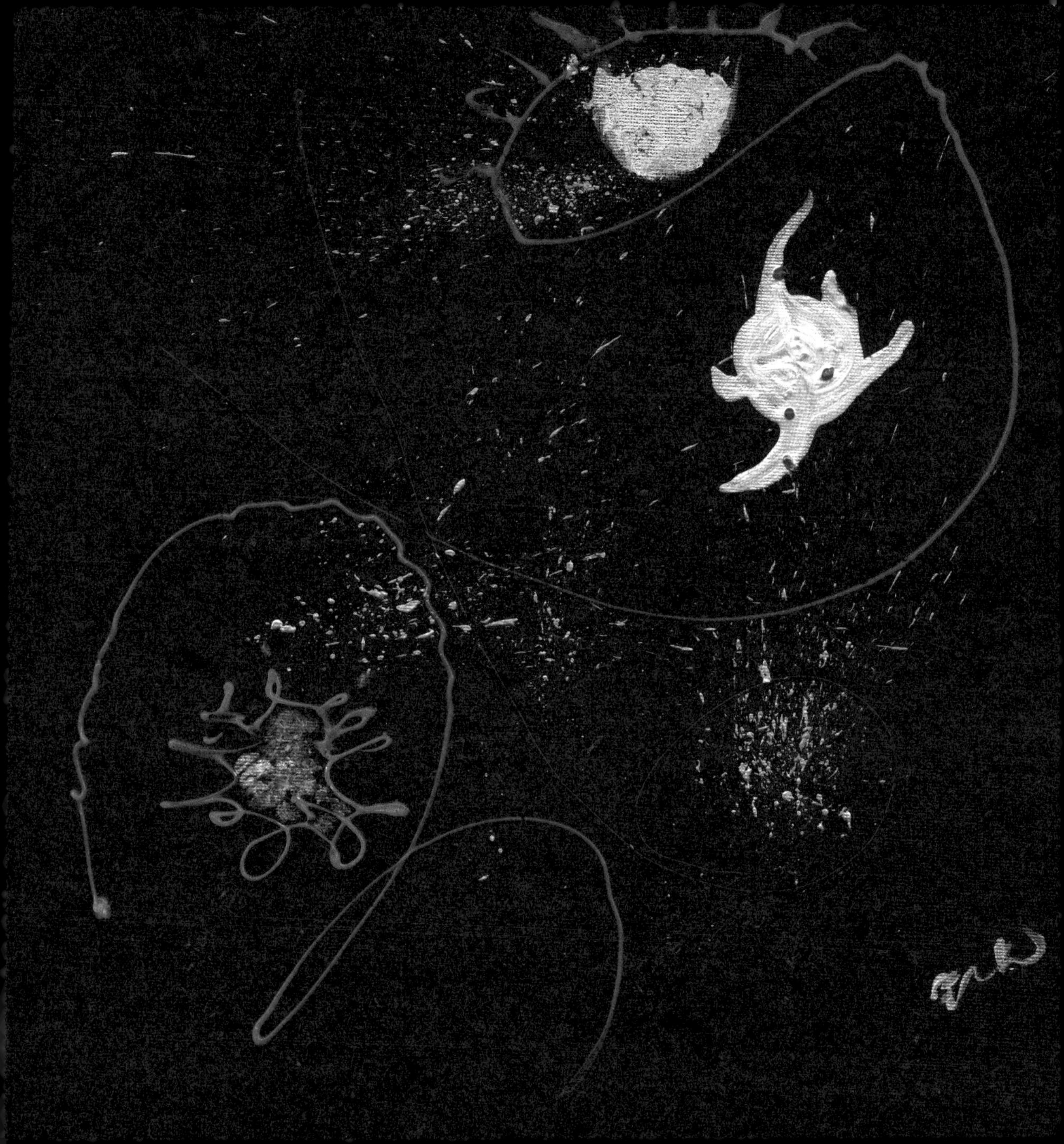

真っ暗闇のなかで
どこに光を当てるのか
それは自分で決めていい

それを自分で決めるなら
たくさんの可能性が見えてくる

与えられたものじゃなく
予め決められたものじゃなく
既に評価されているものじゃなく

色とりどりの可能性が
天高く昇るのを

あなたは、見るだろう。

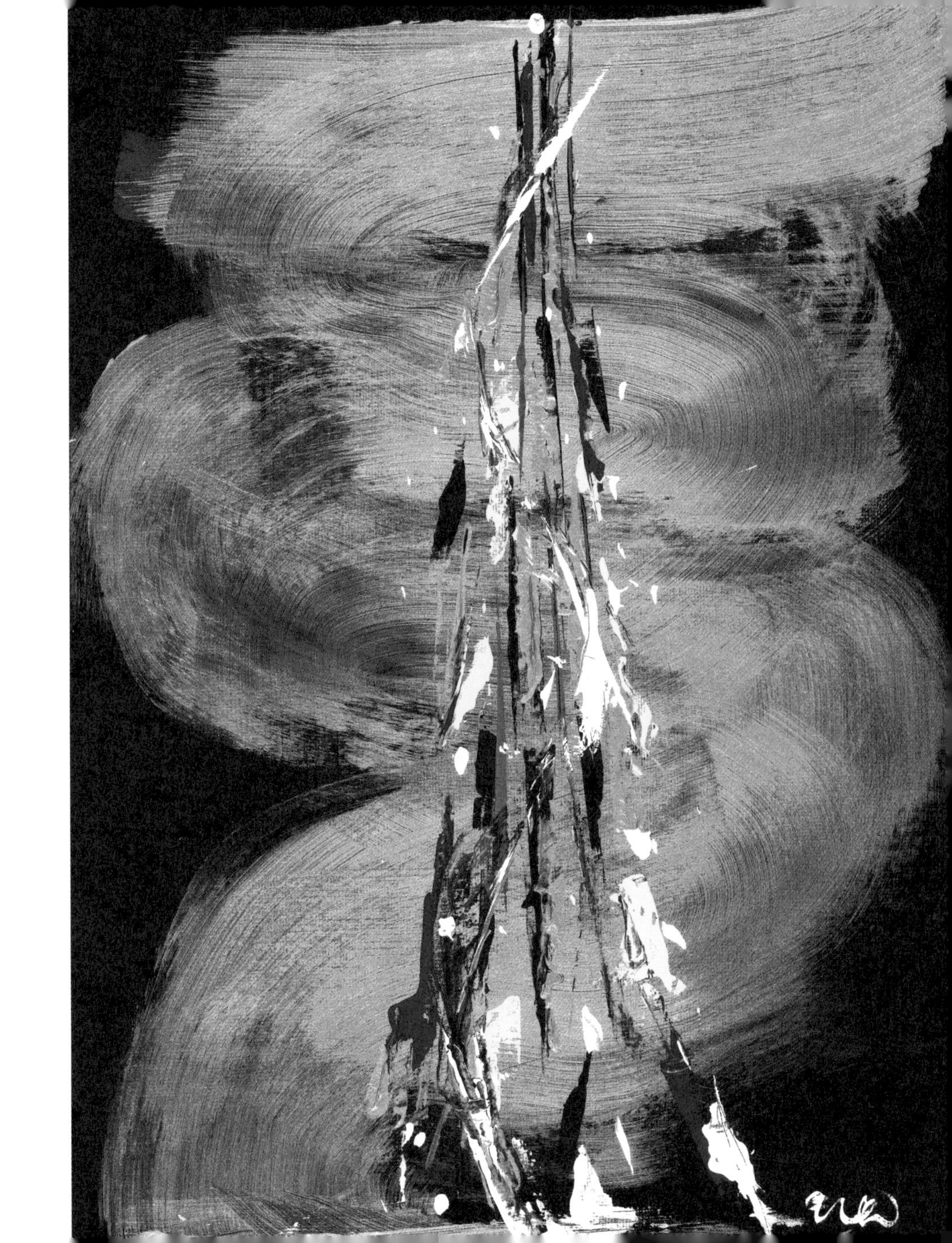

EPILOGUE

この本を読み終えたあなたは、今どんな思いでいるのかな？

私は記憶にないくらい遠い昔から、霊的な存在の声を聞き、姿を見ることができたの。
でもね、成長とともにその存在を否定し「悪魔のささやきだから、絶対に受け入れてはいけない！」と完全に無視するようになってた。見えても聞こえても受け入れなかった過去があるんだ。

あの頃、できる限り霊的な存在とは真逆の方向に行こうと、固い業種のマジメなお仕事に必死になって、休みが月に2日間しかないような日々で。その結果、過労で一歩も動けなくなってしまったこともあるんだよ。

そんな時、白龍さんから「今と真逆のことを、全部やりなさい」とメッセージがあって「今と真逆のこと……」、そんなことができる？　しても大丈夫？

不安や疑問だらけだったけど、すでに生きるか死ぬかというほど疲労困憊のひどい状態だったし、この際、「たとえそれが、悪魔のささやきでもいいじゃない！　今よりひどくなりようがないし」と開き直ることにしちゃったんだ。
真逆のことを書き出して、さっそく実行することに。すると、あっという間にすべてが順調に進み、うまくいきだしたの！　本当に不思議で夢のような展開だった。

個人鑑定を始めたとき、クライアントの亡くなったお母様と同調するという経験ができて。亡くなった方からの言葉を伝えると「間違いなく母からだ！」と、涙を流して喜んでくれたの。この道を選んでよかったと、心から思った瞬間で、大きな転機だったと思う。

そして、もっとたくさんの人の笑顔のために、目に見えない世界を伝えようと決心したの！

霊的な存在が、長く見守ってくれていたこと——その大きな愛に気がついたとき、その役割が自分に回ってきたんだなって。
見えないものを視るこの目が、聞こえないものを聞くこの耳が、受け取るメッセージが誰かの役に立つのなら。そんな思いでYouTubeを始めたのもこの頃。

この本と出会ってくれたあなた！　本当にありがとう！

これまであなたが生きてきた日々、この本と出会ったことや最初に開いたページのインスピレーション、それらすべてが霊的な存在が導いてくれていることを、受け取ってもらえたら嬉しいな。
この本は、本棚にそっと立て掛けられているだけでも、あなたが寝る枕の横に、ぽんと置かれているだけでもいいの。
家の中にあるだけで、家族みんなが幸せになれる。そんな想いと私の強い設定力をもって、あなたをHAPPYに導く魔法を込めた大切な本。
そう、それは、あなただけの御守りのように。

今、あなたはこの本を買い、あなた自身にプレゼントをしてあげたよね。そして目には見えない存在からきっと少しでも、なにか勘違いかもと思いながらも（笑）受け取ったはずなんだ。いや、それ勘違いじゃないんだよ。
高次の存在、自分自神とともに生きていく、大切な一歩を踏み出すことができたのだと、どうか自分を褒めてあげて！
本当に、ここが転機だから。

ページをめくるごとに、何か新しい発見があるはず。
1度目にはわからなかった言葉が、2度目には文字が飛び出して見えることがあるのかも。やたらと面白くて、突拍子もないイメージやメッセージを受け取るかもね！　おもしろそう！
自由に心の向くまま、くり返し読んでいいんだよ。すべてはあなたの心のまま、それこそ自由にね。

あなた自身＝自分自神と繋がるアンテナとして。

高次の存在たちからの護りを実感する不思議な御守りとして。

いつも側に置いていたら大丈夫！　あなたは、もう大丈夫。

だってここまで、たどり着いたじゃない♪　おめでとう。

Mochizuki Ayaka

PROFILE

望月 彩楓（もちづき・あやか）

超人気スピリチュアルYouTuber、霊能者。
幼い頃から、日常的に絵を描いて育つ。

気ままにらくがきを楽しみつつ、いろんなものに顔を描くと、突然命が吹き込まれるみたいになるのが面白くて、ミカンの皮に顔を描いて遊んだり、美術館にふらりと立ち寄っては、絵を眺める幼少時代を過ごす。

高校時代から本格的に絵画を描き始め、美術部で、油絵やデッサンを学び作画を続けていたある日、顧問教師から「自分の中に降りてきたものを、そのまま表現すればいいよ」「技術も大切だけれど、感性を大切にね」という言葉を掛けられ、受け取るままを表現するように。

それから十数年が経ち、絵画という表現方法で、霊的な存在を表現していきたいと願っていたところ、突然、七龍神様の波動集合が見えてきて、導かれるように筆を執り、ありのままその波動をアクリル絵の具で描いてみたところ「多くのインスピレーションが降りてくる」と作品はたちまち評判を呼ぶ。現在、YouTube、講演、執筆活動に加えて、さらに表現手段を拡げ活躍している。

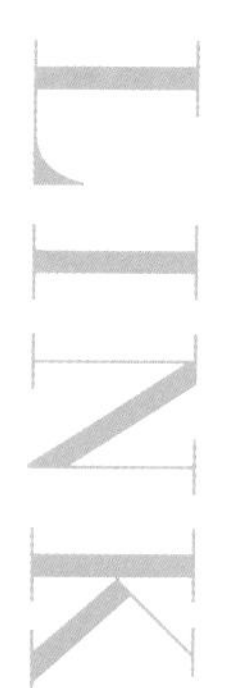

YouTube［自分大好きもっちー］

https://www.youtube.com/user/ayakamotizuki

Twitter［自分大好きもっちー @mochizukiayaka］

https://twitter.com/mochizukiayaka

omaMochi 御守りもっちー

初版１刷発行 ● 2021年11月22日
２刷発行 ● 2021年12月1日

文・絵
望月(もちづき) 彩楓(あやか)

発行者
小田 実紀

発行所
株式会社Clover出版
〒101-0051 東京都千代田区神田神保町3丁目27番地8　三輪ビル5階
Tel.03(6910)0605　Fax.03(6910)0606　http://cloverpub.jp

印刷所
日経印刷株式会社

ISBN 978-4-86734-042-4　C0011

装丁／冨澤 崇（EBranch）
制作／a.iil《伊藤彩香》
校正協力／大江奈保子
編集協力／坂本京子
編集／小田実紀

本書の内容に関するお問い合わせは、info@cloverpub.jp宛にメールでお願い申し上げます